シドニーの
それぞれ楽しい
ご飯たち

編　著　宇田 和子
レシピ　Jane Chaytor／Martine Gregg
　　　　Kiki Ong／Maria Romano

Photo Credits:
p. 6 : The Royal National Park-fotolia.com
p.14 : Cadman's Cottage-amanaimages.com
p.67 : Double Bay-123rf
p.82 : South Coogee Beach-fotolia.com
p.83 : Three Sisters-fotolia.com

Contents

はじめに　短期留学引率13回 ……………………… 4

第1章　オーストラリアという国 ……………………… 9

第2章　お昼ご飯にお国がら
　第1節　Janeと一緒の"Melt" ………………… 18
　第2節　Kikiの家で"Hokkien Noodle" ……… 25
　第3節　Mariaが作る"Stuffed Eggplant" …… 31
　第4節　キャンパスで ………………………… 41

第3章　夕食と時間の関係
　第1節　Janeが教える白ご飯 ………………… 46
　第2節　ご飯とジャガイモ、どちらがご飯？ …… 50
　第3節　Martineの独創フュージョン ………… 54
　第4節　ワインと牡蠣と語らいと ……………… 62

第4章　朝、どこで何？
　第1節　シドニーの人たち、そしてJaneとわたし … 70
　第2節　街角で ………………………………… 74
　第3節　キャンパスで ………………………… 76

おわりに　それぞれの夢 ………………………… 80

主要参考文献 ……………………………………… 85

はじめに　短期留学引率13回

　みなさん、こんにちは。カズコです。首都圏にある国立大学で教員をしていて、授業で担当する分野は、英語、英文学、国際交流、食文化です。授業の担当分野、そして大学内の委員会の関係から、海外短期留学を担当しています。シドニー留学はその一つです。

　1999年に国際学会発表のため、シドニーにある連邦立のU大学を初めて訪れ、広大なキャンパス・自由な学風・すばらしい設備、そしてシドニーという大都市でさまざまな国から来た人たちが、それぞれの母国の生活を活かしながら折りあって生活をしている様を見ました。広く・多様で・自由が大きい生活を見た時に、わたしは自分が広がって、自分の中に自由と活気が沸いてくることを感じました。こんな思いを、学生のみなさんや市民のみなさんに知ってほしいと思い、勤務先大学から予算をもらってU大学と予備折衝をして、「シドニー英語と多文化研修」という短期留学を開始したのが、2001年の2月でした。

　幸いU大学は、海外からの短期留学受け入れは慣れていました。こちらの希望に合わせた特別時間割りを、いとも簡単に作ってくれました。午前は英語授業を4時間、午後は校外学習や実習、週末は校外体験が基本のプログラムです。U大学はホームステイの業務にも慣れていて、査察を受けたホームステイ登録家庭を数多く持っていました。

ホームステイに必要な情報をメールすれば、学生の性別やアレルギーなどを考慮した、適切なホストファミリーを割り当ててもらうことができました。

　わたしは、こうした短期留学の「何でも屋」です。午前の英語授業では、U大学のネイティヴ英語講師のアシスタントを務めます。教室で一緒に授業をすることはありませんが、教室の外で待機していて、休憩時間に学生たちが出てくると「何かわからないことなかった？」と尋ね日本語で説明します。不慣れな言葉で不慣れな事柄を言われても理解に時間がかかります。母国語での補足説明は、外国語の理解と定着を容易にしてくれるからです。そして事前授業や補習授業を実施して、レポートを集めることもします。

　午後の校外学習・実習へは、一緒に出かけます。博物館や美術館を見学します。地元の小学校訪問もあります。シドニーの公立校がどのように運営されているか説明を受け、児童のみなさんの学校生活の様子を見せてもらい、学習補助もさせてもらうプログラムです。週末は、ブルー・マウンテンや、コアラなどが飼育されている動物公園への、バス旅行にも行きます。海浜公園を歩き、オーストラリアの海や動植物についての話を聞く、巡検にも出かけます。

　学習面だけでなく、生活面の世話もします。体調を崩した学生が出ると、状況を聞き、不調の軽減を図り、必要ならば大学キャンパスにある医院へ連れて行きます。医師との通訳をつとめ、処方された薬を

"The Royal National Park"
海と海岸線、そして木々や花、鳥たちが美しい。

買って飲み方を説明し、そして医療保険の請求の仕方を説明します。身体の具合が悪い時、わたしが荷物を持って励ましの言葉をかけながら一緒に医院へ行くことは、留学参加者へのサポートになっている様子です。わたしは、万一に備え、上級救命講習も修了しました。

　そして、わたしは留学にかかわる事務をやっています。U大学と留学プログラムの内容を作り、費用を算出する交渉をします。これらが決まるとフライト手配、参加者募集と広報、参加者が決まると費用の徴収や事前指導、そして帰国後は、事後指導と成績認定と、一連の事務

報告書の作成と提出。一年を通して、メールや研究室来訪で、質問が入ります。でも、自分の学部や大学とU大学からの支援と助言があり、そして毎年のことだから先が読めて楽です。

　でも何よりも、シドニー留学をしたみなさんが、勉学に、それ以上に「生きること」に自主性と積極性を身に付けて、自分の生活を切り開いて行くことを見るのは最高の元気づけです。「世界は広い／世界は多様だ。だから今の自分に縛られることなく、自分の希望を追及しよう。」そしてまた参加者内で仲良しができ、結婚も生まれ、同年会が開かれ、人の輪を広げることにも役立っている様子です。

　U大学の体制、シドニーの魅力、そして熱心な参加者に恵まれて、「シドニー　英語と多文化研修」は、人気の短期留学プログラムとなりました。この短期留学は「学ぶ意志を持ち、自分の行動に責任を持つ人は誰でも参加できます」として、他大学や市民にも公開されています。口コミが人を呼び、他大学や多くの市民から多様な参加者を得つつ、2013年度で13回を数えました。時期は毎年2月～3月です。

　そして、わたし、2013年2月23日から3月16日、13回目の引率をしたのでした。学会発表の時から数えれば15回目のシドニー。学会開催期間中の学寮の食事、引率が始まってからのホームステイ先の食事、街で見かける食事風景や、お店やスーパーの食品販売状況。食文化も担当するわたしにとって、シドニーの食事情も大きな興味の

対象でした。多くの国の料理が混在し、人々は自由に多様に食べている。シドニーの食べ方や多様な料理を、わたしの身近な人や場所を通して日本に紹介してみたい。こんな思いが熱くなっていたので、ホームステイ先は、レシピを教えてくれるというJaneの家にしてもらいました。Janeは２年前と同じステイ先で、互いに慣れています。そしてJaneは、英語教師やホームステイ受け入れ家庭の査察の仕事をしています。こうした情況で１３回目の留学引率は、シドニーの料理取材も含むこととなりました。

第1章

オーストラリアという国

みなさんは、オーストラリアの国歌を知っていますか？歌の名前は"Advance Australia Fair"「進め、麗しのオーストラリア」というのです。作られたのは１８７８年。国の歌として人気を得て、１９０１年１月１日、オーストラリアが連邦として発足する式典では、１万人によって大合唱されました。そして、イギリスの統治下にあったオーストラリアの公的国歌はイギリスの国歌だったのですが、１９８４年、歌詞が若

"Advance Australia Fair"

1. Australians all let us rejoice,
   For we are young and free;
   We've golden soil and wealth for toil,
   Our home is girt by sea;
   Our land abounds in nature's gifts
   Of beauty, rich and rare;
   In history's page, let every stage
   Advance Australia Fair.
   In joyful strains then let us sing,
   "Advance Australia Fair!"

2. Beneath our radiant Southern Cross
   We'll toil with hearts and hands;
   To make this Commonwealth of ours
   Renowned of all the lands;
   For those who've come across the seas
   We've boundless plains to share;
   With courage let us all combine
   To advance Australia Fair.
   In joyful strains then let us sing,
   "Advance Australia Fair!"

干修正された "Advance Australia Fair" が、オーストラリア連邦の公的国歌とされました。1番と2番があります。わたしは、この国歌にはオーストラリアがよく表れていると思います。連邦として独立してから、110年ほどしか経っていない若い国です。国土は広く利用する可能性を秘めており、そして資源が豊かです。海に囲まれ、自然は美しく、進化を逃れた珍しい動植物が生息しています。南十字星は国旗

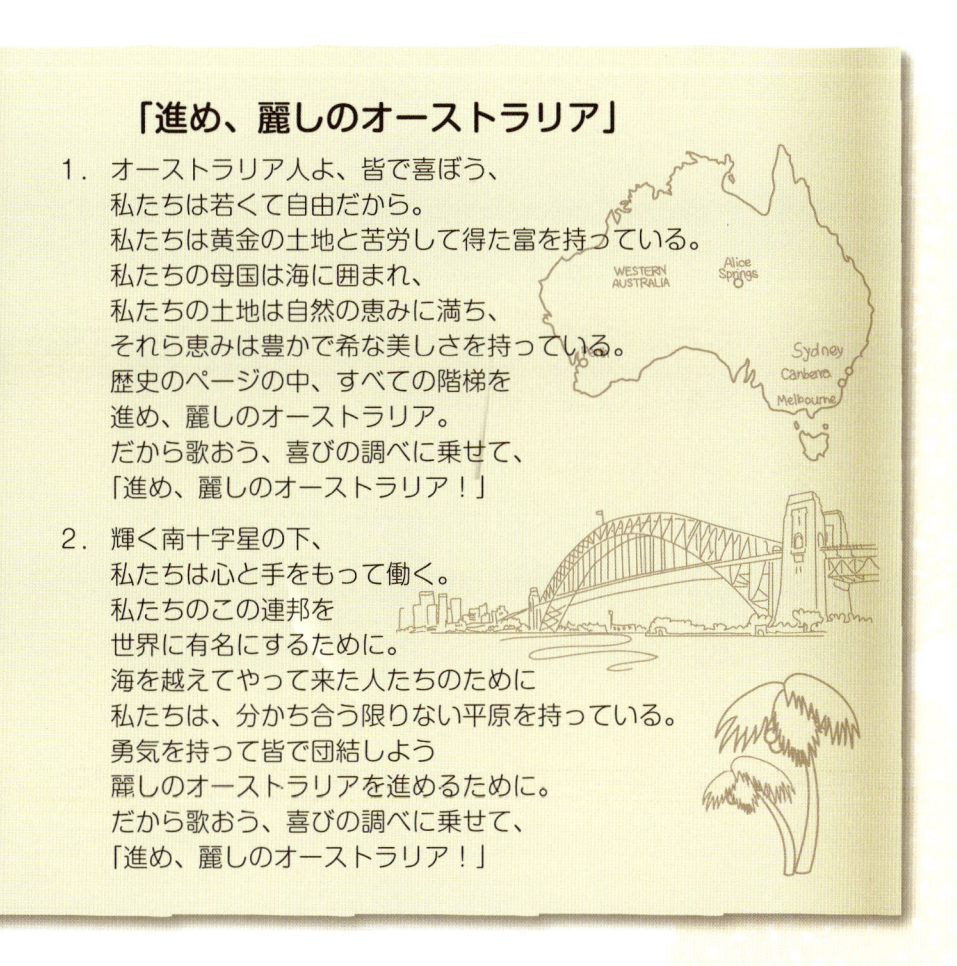

「進め、麗しのオーストラリア」

1. オーストラリア人よ、皆で喜ぼう、
 私たちは若くて自由だから。
 私たちは黄金の土地と苦労して得た富を持っている。
 私たちの母国は海に囲まれ、
 私たちの土地は自然の恵みに満ち、
 それら恵みは豊かで希な美しさを持っている。
 歴史のページの中、すべての階梯を
 進め、麗しのオーストラリア。
 だから歌おう、喜びの調べに乗せて、
 「進め、麗しのオーストラリア！」

2. 輝く南十字星の下、
 私たちは心と手をもって働く。
 私たちのこの連邦を
 世界に有名にするために。
 海を越えてやって来た人たちのために
 私たちは、分かち合う限りない平原を持っている。
 勇気を持って皆で団結しよう
 麗しのオーストラリアを進めるために。
 だから歌おう、喜びの調べに乗せて、
 「進め、麗しのオーストラリア！」

第1章 オーストラリアという国

にも取り入れられていますが、この国が南半球にあって北半球とは季節が逆なので、これを利用すれば端境期の輸出や観光に有利、と教えてくれます。そして、この国に住む人たちは、ほぼすべて、海を越えてやって来た移民の人たちです。

　もともとオーストラリアには、原住民（aborigine、アボリジニ）がいました。17世紀になって、ヨーロッパ人が初めて上陸しました。オランダ人でした。しかしオランダは、オーストラリアの自然環境が移民や植民するに不適であると考え、入植することはしませんでした。

　大規模な入植は、18世紀に入ってからイギリスによって行われました。海軍士官James Cook（ジェイムズ・クック、1728～1779）が、1770年、シドニーのボタニー湾に上陸し、国王GeorgeIII（ジョージ3世、在位1760～1820）の名の元に、オーストラリア東岸がイギリス領であることを宣言しました。

　1776年アメリカ合衆国が独立すると、イギリスは流刑先を失い、そこでイギリスはオーストラリアを新たな流刑の地としました。1788年、イギリスは初の大規模な移民団、1,500人を送りましたが、半分近くは囚人たちでした。

　イギリスからやって来た囚人たちが話していたのが、ロンドンの下町英語Cockney（コクニー）でした。特徴は、発音において[h]が発音されないこと。そして[ei]と発音されるべきことろが[ai]と発音されることでした。料理の"ham and eggs"が「アムアンネッグズ」になり、

新聞の"paper"が「パイパー」となります。

　今でも、シドニーで生活していると、オーストラリア英語には[ei]という発音は存在しないで、[ai]が代わっていると感じます。"O.K."は[ou kei]でなく[ou kai]と言われます。数を数えて"one, two, three, four, five, six, seven"と来て、"eight" [ait]となります。わたし、シドニーで朝ご飯を食べながらテレビを見ることが多いのですが、ある民放の男性アナウンサーが、朝のニュース番組の終わりに、"Bye-bye, have a good day!!"「バイバイ、ハヴァグッダイ」と言うので、"Bye-bye, have a good die!!"「行ってらっしゃい、良き死をね！！」と言われたみたいな気がします。現代のビジネスは熾烈な競争にさらされているので、職場へ行って死ぬように忙しい、と思ってしまいます。

　そして、オーストラリア英語は、イギリス英語がベースです。綴りは原則、イギリス式を用います。アメリカ式の"center"や"color"ではなく、イギリス式の"centre"、"colour"です。ところが、"program"は"programme"とせずにアメリカ式なので、覚えるしかありません。あるいは、自分が英語を使う時はオーストラリアに居るのだけれど、イギリス式かアメリカ式に統一してしまうことも一手です。

　日付記載もイギリス式です。日／月／年の順番です。例えば、２０１４年２月１２日は、12/2/2014 となります。でもこの記載方法だと、２０１４年は明白でも、１２月２日か２月１２日か混乱を招きかねないので、わたしはオーストラリアへメールする時も、Feb. 12, 2014を

用いています。

　イギリスの下町英語の影響が大きいオーストラリア英語ですが、現在は世界中からの移民の人たちが、母国での教育や習得をもとにした発音・綴り・用法を使っているので、オーストラリアで英語を使うのは気楽です。

　さて、オーストラリアの歴史に戻ると、19世紀に入ると自由移民が増えました。ある程度の資金を持って、新天地で新たな富を築こうとしてやって来た人たちには土地が与えられたからです。そしてまた、ギ

「カドマンの家」
入植初期からの古いロックス地区にある。
19世紀に建てられ、船員の宿泊所や警察署として用いられた。

リシャ独立戦争（１８２１〜１８２９）の時期には、多くの難民がやってきました。１８５１年に金が発見されるとGold Rushが起き、さらに多くの国々からさらに多くの人々がやって来ました。工業も交通も農業も発展し、１８５０年代に植民地は次々と自治領となり、１８６８年には囚人の移送が打ち切られ、１８７０年代・８０年代はオーストラリア経済の大発展の時期でした。

　そして１９０１年、６つの自治領は連邦を形成しました。しかし同じ１９０１年、急増したアジア系移民に対処して移民法が改定され、いわゆる「白豪主義」が取られましたが、この方策も、第２次世界大戦からの復興労働力が必要であったこともあり、１９７０年代に廃止されました。オーストラリアは、１９６０年〜１９７５年のベトナム戦争の際には多くの難民を受け入れました。レバノンや旧ユーゴスラビアといった紛争地域からの移民も受け入れています。現在でもオーストラリアは、人口が少ないこともあって、戦争や自然災害による難民を入れており、そして"Working Holiday"（１年間の就労ヴィザ）のシステムを持っており、他国からの人々を受け入れることに寛大な国です。

　オーストラリアは、人口のほぼすべてが他の国から渡ってきた人たちばかり。イギリス、アイルランド、イタリア、ニュージーランド、ギリシャ、ドイツ、インド、ベトナム、中国．．．。そして現在、オーストラリア政府統計局の統計によれば、海外で生まれてオーストラリア住民となっている人口は、２０１３年時点で、全人口の２７．７％。移民の一世

が３０％近いのです。ですから、言語は英語に加えて、元の国の言語が行き交います。宗教も多様です。キリスト教の多くの宗派、イスラム教、ヒンズー教、仏教．．．。生まれた国・言語・宗教・生活習慣を異にする多様な人たちが、アボリジニの人たちも加え、共に生活しているのがオーストラリアなのです。平和な共存のための努力が図られる中、人びとは、多様や差異を受け入れること、そして多様の中で自分を生きることに慣れています。国家政策や生活の仕方において、他の国々が学ぶべき多くの事柄を有していると、わたしは思います。

第2章

お昼ご飯にお国がら

第1節　Janeと一緒の"Melt"

　成田からシドニーへは、どの航空会社も、午後や夜に成田を発って、早朝にシドニーのKingsford Smith空港に到着するスケジュールを取っています。通関をして、空港の外へ出て、迎えに来てもらった車で３０分から1時間かけて市内へ入り、ホームステイ先に到着するのは午前10時頃となります。

　オーストラリアはイギリス文化の影響が強いので、家に着くと「お茶でもいかが？」と聞かれるでしょう。「はい、お願いします」と答えたら、きっと紅茶が出され、その紅茶には自動的に「ビスケット」が２〜3枚、添えられているでしょう。「ビスケット」：イギリス系は「ビスケット」と言うけれど、アメリカ系では「クッキー」。でも、ビスケットはアメリカのクッキーより、油っぽさや甘さは少なめです。"Tea and Biscuits"は、19世紀のイギリスでは、不意の訪問客に出す定番品でした。

　わたしが、２０13年度の留学引率でホームステイしたJaneの家へ、今回が２度目で着いたのも午前１０時ころでした。そして家は２年前と同じでした。広い３階建ての家はどこもきれいに掃除され、埃も手垢もなく、ものは整理して置いてあり、そして適度の飾りがしてありました。例えば、Janeはコカコーラ・グッズが好きなので、台所にはコークの瓶の壁飾りがあり、飾りのコースターが置いてありました。そして、

オーストラリア人もアメリカ人も、冷蔵庫にカレンダーや写真をマグネット止めするのが好きですが、Janeの冷蔵庫には、3歳になったお孫さんAlexandria（アレグザンドリア）の写真がふえて、まるで成長

「Janeの家のサンルーム」
裏口に通じるサンルームには観葉植物とハーブが置かれ、飾りと実用を兼ねています。

記録を見るみたいでした。

　家に着いた時、Janeはわたしに「何か飲む？」と聞きました。わたしは「いえ、今は何もいりません。荷物整理をして、そしてお昼ご飯にした方がいいです。」と答えました。そしたらJaneは「お昼はホット・サンドイッチの予定だけど、あなたはパンを何枚食べる？」「2枚」。「パンにバターを塗る？」「いいえ、わたし、いつもパンにバターは塗りま

せん。油が強いもの、そして塩・砂糖は好きではないので。」

　何がいるかいらないか・どのようにするかを聞いてくるのが、英語圏のやり方。このやり方だと、こちらの必要や方法をはっきり相手に伝えなければなりません。日本人がよくやるように、相手を尊重するつもりで、「何でもいいです。おまかせします。」と言ったら、相手はどうやったらよいかわからないで、困ってしまうでしょう。もしもこちらが希望を言って、たまたま無いものを欲しがったりできないことを頼んだ場合、相手ははっきりと「無いからこれでどう？」「できないから、こうしたい」と、また、はっきりと答えてくるでしょう。不一致が生じた時には相談が始まり、双方が折り合ったところが実行されるので、「自分をはっきり言う」のに遠慮はいりません。双方の合意が実行されるので、双方の満足も得られます。

　逆に、海外から初めて日本へやって来た留学生が、日本での生活を始め、そして極めて早い時期に覚えてしまう日本語に「よろしくお願いします。」があります。自己紹介で「私の名前は○○です。どうぞよろしくお願いします。」何かの会合を始める時、「これから○○の会を始めます。どうぞよろしくお願いします。」日本人にとっては、当たり前の言い方ですが、留学生にとっては、よろしくってどのようにすることだろう？自分は自分として存在しているし、会合の次第は作ってあるのに、他の人々に任せるようなニュアンスの言葉を言うのはどうしてなのだろう？と不思議なのです。万能の意味を持って多用される表現。

奇妙に感じ興味を覚え、でも便利と感じ、すぐ覚えて使いたがります。日本は、無言の調和を大切にするのでしょう。だから、日本人はものを言わないと言われることもあるのでしょう。

　さてわたしはJaneの家に着いたのですが、Janeはホームステイ受け入れに慣れているので、机・洋服かけ・箪笥・ベッド・タオル類など、必要なものはわかりやすく揃えておいてくれました。わたしの方も、2年前と同じ家。わたしの荷物整理は1時間とかからないで終わりました。そこで、下へ降りて、Janeがどうやって「ホット・サンドイッチ」を作るのか、見せてもらうこととなりました。

「ホット・サンドイッチ」食パン1枚なら、レシピは：

Recipe

【材料】

食パン　1枚（好みでバター必要量）、トマト5mm厚さの輪切り　4切れ、缶詰ツナ　50ｇ、スライス・チーズ とろけるタイプ　1枚

【作りかた】

1．オヴンを180℃に予熱し、パンを入れて焼き色が付く程度に焼く。

2．パンを焼いている間に、トマトを切る。缶詰を開ける。チーズを準備する。

3．焼き色が付いたパンをオヴンから取り出し（バターを塗りたい人は、ここで塗って）パンの上にトマトを置き、上にツナを広げ、最後にスライス・チーズをかぶせる。

4．再びオヴンに入れて、トマトやツナが温まりチーズが溶ける程度に焼いて、でき上がり。

お味はとってもシンプル。パン・ピツァといった感じだけど、ピツァ・ソースを塗ってあるわけでなく、ハーブやスパイスを使っているわけでなく、パンとトマトとツナとチーズが持つ味が、オヴンで少し焼かれて少し一緒になっただけ。気楽で、旅の緊張が解ける味。

　そして、ホームステイ初めての日のお昼ご飯メニューは、このホット・サンドイッチに、サラダとお茶。サラダはレタス、たまねぎ、残ったトマト、冷蔵庫の中にあったハムを混ぜたもの。ドレッシングとか、塩・胡椒・オイルなどは、お好みで。お茶はJaneが中国人からもらったという中国茶。ポットに入れて熱湯を注ぐと花が開く、きれいなお茶でした。

　ホット・サンドイッチのお味はシンプルですが、このお昼ご飯のメ

ニューもシンプルだと思いません？到着の初めての食事だからご馳走をというのでなく、時間をかけず材料もありあわせ。缶詰とチーズの塩味があるだけのホット・サンドイッチ。野菜とハムの素材味サラダ。そして、心を静めてくれる中国茶。栄養バランスは取れていて、でもシンプルで気張らないから、くつろげる。必要や好みを聞いて作ってくれて、そして好みに合わせて調味させてくれるから、自分好みで食べられる。おいしいご飯となる要素たっぷりです。

　野菜好き・薄味好みのわたしは、久しぶりに一緒になったJaneとおしゃべりしながら、初日のお昼ご飯をとてもおいしくいただいて、ごちそうさまという時に思い出しました。「ところで、このサンドイッチ、何という名前なの？」Janeはそういえば名前を言っていなかったっけと、むこうも思い出した様子でたったひとこと"Melt"。日本語にすれば、「溶かせ」という名前。確かに、チーズが溶ければでき上がりのホット・サンドでした。

　でも、この"Melt"、実はイギリスの伝統的なチーズ・トースト"Welsh Rabbit"を思い出させます。「ウェールズ地方の兎」は、ビールと擦りおろしたチーズと混ぜておき、自分の好きな厚さに切ってバターを塗ったパンに塗り、好みでカイエン・ペパー（赤唐辛子の粉）を振って、オヴンで焼いたものです。オヴンで焼くと、ビールが泡を出し、チーズ・ソースがパンの上でぷっくらふくれ、形が兎の耳のようになります。赤いカイエン・ペパーは、兎の耳が赤いよう。こんな"Welsh

Rabbit" は、固くなったパンと固くなったチーズと飲み残しのビールの利用方でした。19世紀、イギリスの主婦は "frugal"「倹約家」と言われました。イギリスは全体的に寒い国で、食べるものは、特に寒い季節、自然のままでふんだんにというわけにはいきませんでした。食料は貴重ですから、何でも無駄にしないのが英国の主婦だったのです。

　Janeはイギリス系。"Melt" をわたしと初めての昼食に選んだ気持ちの中に、彼女の身体の奥深く、何世代か前の故国の伝統料理に対するなつかしさが潜んでいたのかもしれません。

第2節　Kikiの家で "Hokkien Noodle"

　KikiはU大学で会計係として働いています。わたしが留学引率を始めた時から、13年間ずっと、留学総費用や特別課外活動費用の請求書を作ったり領収書を発行したり、長いおつきあいをしています。長い友だちなので、自宅でのレシピ取材をOKしてくれると推定しました。そして「家でどんな食事をしているか、一つの例を教えてくれない？朝でも昼でも晩でもよくて、決してお客さま用でなくて、普段のご飯」と、レシピのインストラクションを頼んだ時、Kikiは一瞬考え、そして答えました。「主人に聞いてから。」

Kikiはご主人と一緒にマレーシアからやって来ました。ご主人は銀行マンだった人。オーストラリアへ来てからも、経済学を講じたり、銀行の監査役をしたり、経済関係の仕事をしています。2人の間にはキャンベラの大学を卒業し、今は働いている息子さんが一人。

　さて、Kikiはご主人に尋ね、2人の相談はまとまり、わたしはある日曜日に、Janeと一緒にKikiの家へ行き、お昼ご飯の一例を教えてもらうこととなりました。Kiki夫妻に仕事が無い日、家で作って家で食べる昼食メニューの一つです。

　わたしとJaneがKikiの家に着いた時、お昼は作ってありました。材料を並べてバタバタ作るより、着いた時にお昼を食べることができるように、というKikiの配慮です。作ってあったのは"Hokkien Noodle"「福建麺」。中国の福建省を名乗る太い中華麺を使った「焼きそば」です。「福建麺」は、シドニーで簡単に買うことができます。大きなスーパー・マーケットでも中国の食品を扱うお店でも、売られています。Kikiの一家はマレーシアから来ましたが、マレーシア料理も中国料理の影響が強いので、炒めた中国麺は、ご夫妻がわたしに示すに好適なメニューだったのでしょう。

　作った"Hokkien Noodle"は、冷めないように、キャセロールのままガス・レンジの上に置いてありました。食べる時、キャセロールはテーブルへ運ばれて、テーブルには、食器・飲み物・ソースがセットされていました。ソースはお醤油ベースの唐辛子入りで、自分の好みで麺に

かけて食べるのです。

　わたしはソースをかけずに食べました。中華太麺が、鶏肉・お豆腐・かまぼこ・もやしと一緒に炒めてあって、ちょっぴりガーリックが香って、お醤油味で、中華？日本？東南アジア？といった混合の味。唐辛子入りピリ辛ソースをかけると、もっとマレー風になったでしょう。

　わたしたち4人が、仕事や家族のことなど話しながら「福建焼きそば」を食べた時、わたしはカトラリーの使い方が2：2に分かれていることに気づきました。わたしとJaneはナイフ・フォーク・スプーンを使いました。でもKikiご夫妻は、例の長い中華箸でした。マレーシアはカトラリーの使い方でも、中国の影響が大きいのでしょう。

　麺が終わって、コーヒー。Kikiはコーヒーをポットで入れて、そして市販のビスケットを入れた缶を出してくれました。コーヒーも終わった後は、訪ねて行ったわたしたちに親しくこだわりなく、台所の年代もののオヴンを説明してくれたり、庭を見せてくれたり、家を案内してくれました。一品のメインと、買い置きのビスケット。取材に行くからと言われても、特別にご馳走を作るわけではないお昼ご飯。Janeの家の初めての日のお昼のように、気張りがないのでおいしさが増すお昼でした。

　でも、Kikiがこのお昼にやさしい心遣いをしてくれていたことは、明らかでした。わたしたちが家に着いた時には、"Hokkien Noodle"は作ってありましたし、そして、わたしたちが帰ろうとする時、Kikiが1枚のプリント・アウトを渡してくれたのです。「これが"Hokkien

Noodle" のレシピですよ」と。レシピを打って印刷もして、準備を整えて迎えてくれたのでした。そしてそのレシピは：

Hokkien Noodle Recipe

【Ingredients】
500g packet of Hokkien Noodle, 300g hard tofu, 1 fish cake, 200g chicken pieces, a packet of bean sprout, dark soy sauce to taste, salt to taste, 2 cloves garlic crushed, 3 tablespoons cooking oil

【Method】
1. Cut chicken to small pieces, slice the fish cake thinly and cut tofu to strips of 2.5 cm in length.
2. Cook chicken and tofu separately with cooking oil.
3. Add the crushed garlic and salt.
4. Add the Hokkien Noodle and stir fry for a few minutes.
5. Add the cooked chicken and tofu and the sliced fish cake.
6. Add dark soy sauce and salt.
7. Add bean sprout.
8. Stir fry for a few minutes until bean sprout softens.

Recipe

【材料】
福建麺500gパック 1つ、木綿豆腐 300g、かまぼこ 1個、小さく切ってある鶏肉 200g、もやし 1袋、濃口醤油 好みの量、塩 好みの量、ガーリック2片 潰しておく、サラダ油 大さじ3

【作りかた】
1. 鶏肉はさらに小さく切る。かまぼこは薄く切る。豆腐は長さ2.5cmの薄切りにする。
2. 鍋にサラダ油を入れ、鶏肉を炒めて取り出す。同じ鍋で豆腐を炒めて取り出す。
3. 鶏肉と豆腐を取り出した鍋に、ガーリックと塩を入れて炒める。
4. 3の鍋に福建麺を加え、箸で混ぜ鍋をあおりながら、数分間炒める。
5. 取り出しておいた鶏肉と豆腐、そして薄切りにしたかまぼこを加える。
6. 醤油と塩を加える。
7. もやしを加える。
8. もやしがやわらかくなるまで、数分間、あおり炒めをする。

「福建麺500gパック 1つ」と言われても、ピンとこないかもしれませんが、シドニーで福建麺は、乾麺も茹でたものも売られています。丁度、日本で焼きそばを作ろうとする時に、乾麺や生麺を茹でて作ることもできるけれど、焼きそば用の茹で麺を使うこともでき

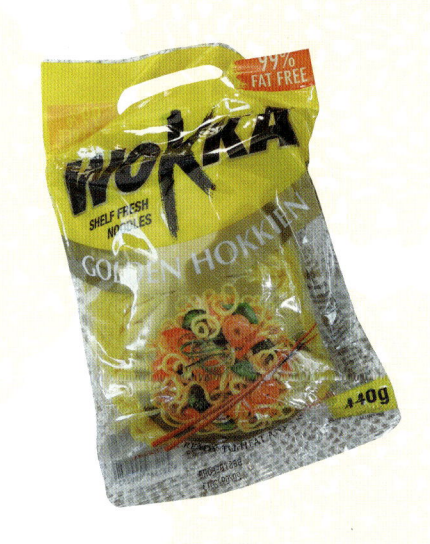

第2章 お昼ご飯にお国がら　29

るようなもので、Kikiはこの日、茹で麺を使ったのです。

　写真は、シドニーの大きなチェイン・スーパー・マーケットで買って、日本へ持ち帰った一製品です。２２０ｇの小分けパックが２袋入ってます。パッケージの右上にオレンジ色で目立つように印刷されているのは、「脂分９９％なし」のアピール。パッケージの裏には、「栄養情報」が記載されていて、そこには「１００ｇ中、全脂肪：０.５ｇ、うち飽和脂肪：０.１ｇ」とあります。パッケージ表面のアピールは、脂が健康に及ぼす悪影響を配慮して、この製品に脂が少ないことを消費者に訴えているのです。

　さて、Kikiご夫妻のお昼を教えてもらい、そして家を出る時には庭に育っていたミントをどっさりお土産に持たせてもらい、わたしとJaneは帰りの車に乗りました。豆腐・かまぼこ・お醤油というように日本が混じった、中国＋マレーシアの「焼きそば」。醤油・塩の分量は、作る人のお好みで。食卓でピリ辛ソースをかけるかどうかは、食べる人のお好みで。作り方も食べ方も人それぞれの自由が多くって、それぞれのおいしさを作り出すことができる一品でした。

第3節　Mariaが作る "Stuffed Eggplant"

　Maria はイタリア人です。去年のわたしのホストマザーでした。フル・ネームはMaria Romano「ローマのマリア」で、まさにイタリアの首都と聖母マリアの心を表すかのような人でした。３０年ほど前、イタリア人のご主人と一緒にシドニーに住み始め、ご主人は亡くなっていますが、結婚した娘さんと卸売り会社のマネージャーをしている息子さんが一人ずつ。娘さん（Anna）・息子さん（Pat）は別の家に住んでいますが、Mariaの家へ頻繁にやって来ます。夕食を食べに、あるいは一人暮らしの母親に力仕事をしてやるために、などです。そして、Annaに男の赤ちゃんが生まれたのは、わたしが今年Mariaの家を訪ねる２週間前のことでした。

　去年、Mariaの家にホームステイして、わたしはとても驚きました。食事が、ほぼすべて手作りだったからです。パンは手捏ねで手焼き。ロング・パスタも手作り、ラザーニアも手作り。ピツァももちろんで、トマト・ソースも手作り。肉料理・魚料理・野菜料理、そしてピクルスやお酢やワインも手作り。広い庭には、いろんなハーブが植えられていて、レモンが育ち、バナナも育っているというぐあい。家には５００リットルサイズの、冷凍庫付冷蔵庫が３つ。冷凍庫には、まとめ作りをした、シチューやラザーニアがアルミケースに入れられて幾つも重ねて凍らせてあり、冷蔵庫には、ベースとなるトマト・ソースやオリーヴの塩漬

第２章　お昼ご飯にお国がら

けの瓶がずらり。Mariaは2人の子どもたちが独立したので、ホームステイの学生さんたちの世話を張り合いに、食事作りや家事をしているのです。

　わたしは、Mariaの手作り料理を紹介したくてたまらなかったので、電話をかけて都合を聞き、ある日曜日の昼に家を訪ねることとなりました。家は相変わらずでした。広い庭を見通す広いダイニング・ルームに、広いキチン。使い込んだオヴンや料理ストーヴ。キチン・テーブルの上には、蝿よけのネットをかぶせた果物入れ。

　そしてこの日、Mariaは幾品も作って見せてくれたのです。手作りトマト・ソース使った肉詰め料理、手作りソーセージと玉ねぎの煮込み。ビーフ・シチューは温め直して、ミート・ボールとフライド・ポテトはオヴンで再加熱して、さらに、ほうれん草とリコッタ・チーズを挟んだ手作りのパイもオヴンで再加熱してくれました。

　これらの中で、材料を整えておいて分量を話しながら作り方を教えてくれたのは、「ズッキーニと米なすの肉詰め」でした。Mariaが話してくれたレシピは：

Recipe

【材料】

〔肉詰め材料〕
ズッキーニ（とても大きく太いもの）2個、米なす 10個、
牛豚合挽き肉 1kg、バジルの葉 適量（50g）、生パン粉 適量（100g）、
好みのチーズ 適量（パルメザンチーズ 50g）、玉子 3個、
塩 適量（小さじ1）、黒胡椒 適量（小さじ1）、サラダ油 大さじ2
〔トマト・ソース材料〕
手作りして保存しておいたベースのトマト・ソース 1瓶（1リットル）、
玉ねぎ 適量（200g）、ガーリック 一片、サラダ油 大さじ3、
手作りして保存しておいたバジル・ペースト 大さじ3

【作りかた】

1. ズッキーニはペティナイフとスプーンを使って、中をくり抜く。米なすは半分に切って、中をくり抜く。米なすの中身は細かく刻み、バジルの葉も細かく刻んで肉詰めの中身にする。

2. 大きなボールに、〔肉詰め材料〕の中身材料のすべてを入れ、十分に混ぜ合わせる。

3. 2の肉種をズッキーニとなすに詰める。

4. フライパンにサラダを入れて熱し、ズッキーニとなすの表面に焼き色を付ける。なすは、肉の面を先に焼く。裏返して両面に焼き色をつけたら、オヴン用の大きなバットに移す。ズッキーニとなすで適当に場所を違え少しずつ間隔を取り、なすは肉のある面を上にして並べる。

[トマト・ソースを作る]
1. 玉ねぎとガーリックを荒みじんにし、小鍋にサラダ油を入れて炒める。
2. ベースのトマトソースを加えて、全体がとろりとなるまで、弱火でじっくり加熱する。
3. 仕上げに、壜に入れて保存しておいたバジル・ペースト（バジルの葉、オリーブ・オイル、松の実、塩をミキサーにかけたもの）を混ぜ込む。

[オヴンで仕上げ焼きをする]
1. 並べておいたズッキーニとなすに、トマト・ソースをたっぷり塗って、ソースが垂れてバットに流れるくらいにして、バットの上をアルミ箔で覆い、180℃のオヴン中段で30分ほど焼いてでき上がり。

　Mariaの料理は、いつも、とても大量、とても大雑把。この肉詰めだって、使う合い挽き肉は1kgで、40cm×60cmほどのオヴン・バットに1杯作ってます。大量に作っておいて、冷蔵・冷凍で保存。そうすると、いつ子どもたちが来てもご近所さんがやってきても、食事はすぐに準備できてしまうのです。作る分量が多く、そして作り慣れているから、分量は計量なしの目分量・手分量、その時の感覚でやってしまいます。こんなわけで、この「ズッキーニと米なすの肉詰め」レシピの【材料表】には適量が並びました。数値のうちで（　）に入っているものは、わたしが見て推定した数値です。Mariaが取り出した野菜を見て、あるいは手でぱらぱらと入れる分量を見て、これなら○○グラムと推定して数値を入れました。オヴンの温度も、Mariaの家の古い

オヴンは温度表示がないので、Mariaから「温度は"moderate"（中火）」と聞いて実際の火の具合を見て、わたしが推定して書きました。肉詰めの種を混ぜる入れ物も、わたしは大きなボールと書きましたが、Mariaが使っていたのはプラスチックの洗面器です。Mariaにとっては、この形と大きさの洗面器を使うのが、作りやすいのでしょう。

　さて、お昼ご飯開始。この日曜日はお天気が良かったので、庭のテーブルが良いということになり、そして息子さんのPatと一緒でした。Patは料理が作られている間、土を盛ったり、木の剪定をしたりの庭仕事。そしてマリアが「できたよ」と声を掛けると、手を洗い、テーブルにパンと水を運び、そして自分が好きなペッコリーノ・チーズを運びました。カトラリーをセットするのは、わたしの役目でした。そして、テーブルには新しく作ったもの、再加熱したもの、そしてオリーヴの実

「トマトソースと手作り
　ソーセージと玉ねぎの煮込み」

のマリネの常備菜もパンも並び、たくさんの中から、好きなものを好きなだけという、いつものアット・ホームな食事でした。

　わたしはまず、Mariaが教えてくれた「なすの肉詰め」を食べました。とても、とてもおいしいです。Mariaが長年作り続けている家庭の味。肉やチーズや卵のコクがあって、バジル・ペーストの松の実がさらに深みを与えてくれて、濃厚。だけど、バジルのさわやかさが香ります。フライパン焼きの後にさらにオヴン焼きしてあるから、肉のおいしさが一旦なすの中に閉じ込められて、次に全体がとろけるように柔らかにトマト・ソースとなじんでいます。ソーセージの煮込みには、くり抜いたズッキーニの中身が利用されて、無駄を出さない家庭料理の模範でした。温め直してくれたビーフ・シチュー、ミート・ボール、ほうれん草とリコッタ・チーズを挟んだパイ、みな懐かしいMariaの味でし

た。レストランの味、お店で買ってきた味ではありません。大工場で大量に生産されて、レトルト・パックや冷凍にされて、どこかに機械と管理が漂う食品ではありません。手の味がして火の香がする、生きた料理です。

　そして、わたし、テーブルの上のいろいろな料理を食べたくて、オリーヴのマリネに手を伸ばしました。このマリネは、庭のオリーヴの樹になった実を塩浸けにしておいて、庭で育てていたミニ・トマトで赤く熟さなかったものが出た時に、2つを合せてスパイス類を加え、手作りのお酢で加熱して冷蔵庫保存してあるものです。庭で育ったものが無駄なく利用された常備品ですが、Patがわたし言いました。「あなたには、しょっぱ過ぎるよ。」Patまでわたしの薄味好みを覚えていて、好みに合わないものを無理に食べることにならないようにと心配してくれました。そう言うPatはしょっぱいペッコリーノ・チーズが好きで、ナイフで少しずつ切り取って、時折の味のアクセントにしています。そしてMariaは、生の赤唐辛子が大好き。自分用に生の赤唐辛子を皿に2～3本置いておいて、ナイフで輪切りにして、自分の皿に取った料理に好みに応じて散らして食べるのがいつもです。

　かつてイタリアでは、マンマのお昼ご飯を食べるために、職場や学校から家へ帰りました。そしてマンマのご飯が、夫にとっても子どもたちにとっても、一番おいしいご飯でした。1年ぶりの「ローマのマリア」のお昼を食べ、イタリアのお母さんの偉大さを再び思い、そして、Maria

の娘さん・息子さんが頻繁に家へやってくるのは、一人暮らしの母を世話する面もあるけれど、母の料理が恋しいからとも思いました。

　去年、まだ赤ちゃんを出産していなかった娘さんのAnnaは、食事に、物を届けに、あるいはおしゃべりにと、頻繁にMariaの家へ来ていました。そして、Annaのロング・パスタの食べ方の美しさは、素晴らしいものでした。いえ、Annaだけでなくmariaの家族、そして、3年間のホストマザーのイタリア人（彼女の名前もAnnaでした）のロング・パスタの食べ方も、きれいでした。わたしたち日本人は、スパゲティといったロング・パスタを食べる時、フォークとスプーンを使います。でも、イタリア人はフォークだけ、というのは聞いたことがあると思います。

　本当に、Maria の家族も3年前のAnnaも、フォークしか使いませんでした。と言って、別にズルズルとすするわけではありません。ロング・パスタの太さと料理方法に従って、器に盛られたパスタの端から適量をフォークにかけ、器の上で巻き上げて、そして口の中へ運ぶのです。どの分量をフォークでつかめばきれいに巻いて、ソースをこぼすことなく口まで運ぶことができるのか経験から知っていて、フォークの柄の方で口を隠しつつ、パスタを口に入れる技術を身に付けているのです。Mariaの娘さんのAnnaは、背を伸ばしたまま少し身を傾け、肩から腕全体を持ち上げて、フォークの柄を手に沿わせる形で、パスタを口へ運んでいました。イタリア人は、パスタを食べる歴史が違う。だからイタリア人は、フォーク1本でパスタを食べるのが上手なのだ

と、わたしは思いました。

　昨年度、わたしは、みんなのお母さんみたいなMariaの家に３週間ホームステイできたのですから、幸運でした。Mariaの住む地域には、イタリア人が多く住んでいました。同じイタリアからやって来た人たちは、言葉が通じやすいこと・生活習慣が似ていることから、互いに助けあって暮らしていました。ご近所で病気の人が出たと聞くと、Mariaは何か食べるものを持って様子を見に出かけていました。やって来るご近所さんもいました。イタリアから越して来たばかりの主婦は、「掃除をするのにバケツがまだ無いから」と、バケツを借りて行きました。こうした行ったり来たりの時、使う言葉はイタリア語。わたしは、お見舞いに行った時も来訪の時も、Mariaと一緒でしたが、イタリア語なので話の詳細はわかりませんでした。

　オーストラリアの公用語は、もちろん英語です。でもオーストラリア政府統計局によれば、２００１年時点、家庭で英語以外の言語で会話する人口は全人口の１６％だそうです。イタリア語、ギリシャ語、広東語、アラビア語、ベトナム語がトップ・ファイヴです。

　オーストラリアにいても、母国語へ戻って会話するのが楽なように、食べるものも母国の味が楽な様子です。わたしは、去年、朝７：３０ごろMariaの家を出てU大学へ向かいました。わたしが家を出るころは、Mariaが毎朝起きるころでした。玄関出口へ行く前に、わたしは"Morning, Maria"と声をかけ、その日のU大学での仕事予定・帰宅

第２章　お昼ご飯にお国がら

予測時間を書いたメモを渡すのがいつもでした。そして、わたしが自分の部屋から出た時に、毎朝、玄関ホールまで香っていたもの、それは、エスプレッソ・コーヒーでした。Mariaの一日はエスプレッソ・コーヒーから始まるのです。ガウン姿のままで豆を挽き、その日の必要分量に合ったエスプレッソ・マシーンを戸棚から出し、お湯を沸かして、その日の気分にあったカップで飲むのです。

　わたしはMariaがたくさんのマシーンを持っていることを知っていたので、今年訪ねて行った日、「いいでしょう」と勝手に決めてひとこと言って、自分で戸棚からマシーンを全部出して写真に撮らせてもらいました。蓋のツマミが取れてしまったものも含めて、6個。お湯を沸かすのは、シドニーでは大体そうですが、電圧220Vの電気ケトル。220Vもあるから、すぐにお湯は沸きます。高圧ですぐに沸いたお湯は、空気が抜けていなし高温になるので、コーヒーでも紅茶でも、豆や茶の成分を十分に引き出す力を持っています。

わたしは毎朝、Mariaの家を出る時に、素晴らしいコーヒーの香りと、「雨が降るとか天気予報で言っていたけど、傘を持った？」など、何かその日のやさしい心配りの言葉で送り出してもらえました。元気倍増のもとでした。

第4節　キャンパスで

　では、U大学の学生さんたちは、大学キャンパスでどのようなお昼を食べているのでしょう？

　お弁当を持ってくる学生も多いので、大学は学生ラウンジを充実させています。キャンパス各所に、大小いくつもありますが、椅子・テーブル・電子レンジ・流しがあり、そして流しには熱湯が出る水道栓が付いているのが普通です。熱湯が出るので、学生はマイ・ポットとティー・バッグを持参して、マイ・ポットで熱いお茶を飲むことができます。外には"Fill Your Bottle"と明示した水道栓もあって、飲料水を持参のボトルに入れることもできます。シドニーは水道水を飲むことができるので、ミネラル・ウォーターを買う費用を倹約できるわけです。そしてオーストラリアは乾燥しているので、こまめに水分補給をする必要があります。

もちろん、学食もあります。学食と言いましたが、U大学の場合は"Food Court"と呼んで、種々の店舗がテナントとしてビルの一部に入っています。各種テナントは、料理分野を違え、学生や教職員のいろいろな食の好みに対応できるようにしていて、その場で食べることもできれば、テイク・アウェイも自由です。

　一番人気は、サンドイッチ系。食パン系もバーガー系もラップ系も並んでいます。ミネラル・ウォーターもソフト・ドリンクも買うことができます。

　そしてこちらも人気。サンドイッチ系ですが、パイもサラダも売ってます。ショウ・ケースの上には、アメリカン・クッキー。クッキーは持ち歩いて食べるのに便利です。カウンター後ろには、コーヒー豆。挽きたてコーヒーもこの店の売り物です。

こちらは"Hot Deli"（温かいお惣菜屋さん）。洋や中華の、肉・魚・野菜の料理が並んでいて、欲しいものを「これこれこれ」と指差して、発泡スチロールの器に入れてもらい、ここで食べても、どこか別の所で食べてもOK。スプーン・フォークはプラスチックで、使い捨てとなります。

　お寿司のお店もあります。巻きに握り、パックに入れたセットもあれば、アラカルトもあります。でも、生魚は使ってません。スモークト・サーモンの握りが見えますが、スモークト・サーモンは、日本のお刺身というより、北欧や北米の寒い国の加工した保存食。

この"Food Court"以外、U大学には、キャファテリアが3つ、カフェが3つ、そしてビールを出してくれるバーまであります。オーストラリアは18歳からお酒を飲むことができます。そしてまた、ビールはアルコールというより、水代わりの感覚を帯びているからです。多くのオーストラリア人の出身地、ヨーロッパでは、水が硬水なので生水を飲むことができず、ビールやエール、あるいはワインを飲料としていた名残です。

　硬水を軟化させるには、沸騰させてミネラル分を沈殿させる方法があります。ヤカンでぐらぐら、でもそのままのお湯を飲んでもおいしくないので、古い時代はハーブを入れました。イギリスがお茶を、東洋に・インドに求めたのは、おいしく飲める熱い飲料を得るためでした。そしてやはり、ビールやエールが水代わりでは、酔いの問題が生じていたからでした。

　ところで、U大学のキャンパスのこれらの飲食店、みんな外部からのテナントです。採算が取れなければ撤退し、そして別のお店が入って来ます。大学の正門を出た近所には、マックもサブウェイもあり、個人の飲食店も多いですから、キャンパス内外のフード・ビジネスの競争は激しいです。

第3章

夕食と時間の関係

第1節　Janeが教える白ご飯

　ある夕刻、わたしが大学から家へ帰ると、ホストマザーのJaneが言いました。
「カズコ、今日の夕食は、白ご飯の炊き方を教えてあげる。」Janeの家に、電気炊飯器は無いので、お鍋を使って、オーストラリア米を炊くための、自分のやり方を教えてくれると言うのです。
　そして、厚手鍋にお湯をたっぷりと沸かし始めました。お湯がだいたい沸いてきたころに、お米の袋から、2人分に足りるかと考えたお米をパラパラと入れ、そして蓋をしました。吹きこぼれないよう弱火にかけて、コトコトとただ加熱。
　お米がやわらかくなるのを待つ間、Janeは作って冷凍してあったプラ・パック入りのビーフ・シチューをフリーザーから取り出しました。手作りビーフ・シチューが今日のメインです。付け合わせは、冷凍食品のミックス・ベジタブル。でもJaneは、生の人参を加えたかったので、レンジOKのプラ容器の中へ、まな板を使うことなくナイフだけで人参を切り入れて、その上にスーパーで売っている冷凍のグリーンピースとさやインゲンのミックスをバラバラと加えました。次は、デザートのメロンの準備。手早く皮をむいて、大きく切って器に入れてでき上がり。
　次の作業は、冷凍野菜を電子レンジで加熱。その次にビーフ・シ

チューをレンジ加熱。熱くなったら、それぞれ、お皿に移します。

　こんなころ、お鍋のお米がやわらかくなっているのです。Janeはやわらかくなったお米、すなわちご飯をザルにあけて余分な湯を切り、そして電気ポットで沸かしておいたお湯を、さらにザルのご飯にかけました。「ご飯のぬめりを取るため。」ザルを振ってポットのお湯を落として、そして白ご飯は白い陶器の器に盛られ、スプーンが添えられました。

　作り置きと市販の冷食を巧みに利用して、まな板さえ使わずに、短時間に夕食を作り上げるJaneの手順と手並みに感心しま

第3章　夕食と時間の関係　　47

した。仕事から帰ってすぐに短時間で晩ご飯を作り、その上教えてくれるのだから、頭も身体もフル回転です。

　白ご飯は、教えてもらった価値がありました。「白ご飯」に対する価値観の違いを体験できたからです。日本人は一般的に、丸粒で粘りがあるジャポニカ米が好きです。そしてジャポニカ米でも、柔らかみと粘りの多い「コシヒカリ」といった系統が好きです。でもJaneの好みは長粒でパラパラのインディカ米で、その上炊き上がりにお湯をかけて、さらに粘り気を取り去った白ご飯。ぱらっとしたピラフ、水分の多いシチューと一緒に食べるご飯に慣れた人の好みなのでしょう。

　日本にもご飯の炊き方に「湯取り方」というのがありました。大量の湯で米を茹で、米がやわらかくなったら、余分な湯を捨てて蒸らすのです。たっぷりの湯を準備するだけでよく、米に対する水の分量を気にする必要がなかったので、計量具が普及していない時代に用いられた方法でした。

　オーストラリアでは、多種類のお米が売られています。長粒があり丸粒があり、長粒でも、粒がとても長いもの・短かめなものなど多くの品種が売られ、茶色の"brown rice"があったり、玄米があったりします。値段は、1kg100円といった安いものも、日本並みの高いものも様々です。丸粒のジャポニカ米も売られています。お寿司を作る時や、牛乳で甘く煮たデザートの「ライス・プディング」を作る時に使います。

　写真は、長粒で香りのいい「ジャスミン米」"jasmine rice"です。

"KOALA BRAND"というブランド名を掲げ、"Proudly Australian Grown"「誇りを持ってオーストラリアで育てられた」と謳う1kgパックですが、オーストリアは食料自給率190%、つまり生産された食料の90%を輸出している大農業国です。ちなみに、日本の食糧自給率は、40%を割っています。オーストラリアは農業という自国の重要産業の発展のため、輸出を増やすと共に、自国産に対する誇りを高め、国内消費も安定・増大させることが大切なのでしょう。シドニーのスーパーを見て歩くと、特に野菜類と肉類は「オーストラリア産」を明記している品が多いと思います。

　さて、Jane好みの白ご飯。わたしは、お米自体が、日本のお米に比べて旨味が少ないと感じました。そして、インディカ米の匂いがありま

第3章　夕食と時間の関係

した。でも実はわたし、インディカ米のパラパラ感とあの匂いが大好きです。硬いご飯が好きなので、日本にいて日本米を電気炊飯器で炊く時も、水加減を超少なくしてカタカタご飯を食べているので、今のJaneの白ご飯は、大歓迎でした。さらに発見。パラパラしていてそれ自体に旨味の薄い白ご飯は、ビーフ・シチューの濃厚さと合せるには、向いているのです。米の匂いもシチューのスパイスと似合います。日本でも、多種類のお米が簡単に安く買うことができれば、日本の食の幅が広がるのに、と思います。

第2節　ご飯とジャガイモ、どちらがご飯？

　ある夕刻、わたしが大学から帰ると、その日は、わたしよりずっと帰りが早かったJaneが待っていて、「カズコ、今日の夕食は魚よ」と教えてくれました。

　夕食準備を始めると言われた時間に台所へ降りてゆくと、クッキング・レンジでは、ジャガイモ・玉ねぎがフライパンで炒められていました。たっぷり

の油で、玉ねぎが甘くジャガイモが柔らかくなるまで、ゆっくりと炒めているのです。炒めあがったら、ジャガ玉は、お隣のフライパンに移されて、ごく弱火で冷めないように保温されます。

　そしてJaneは「私、食事作りは速いのよ」と言いながら、大きな白身魚のフィレ（ヒラメといった白身魚で、きれいに処理されてスーパーで売っています）に小麦粉をはたき、先ほどのジャガ玉のフライパンに、たっぷりのサラダ油と輪切りにした赤唐辛子とドライのバジルを入れて熱くして、最後にバターを入れて、バターが半溶けとなったあたりで、粉をはたいた魚を入れました。「白身魚のムニエル、チリとバジル風味」というわけです。魚はこんがりの火で、でも焦げない強さの火を吸って、ふっくら膨らんで片面火が通ったらターナーで返されて反対面も火が通り、表面に赤唐辛子とバジルの点々を付けた白い衣で仕上がります。

第3章　夕食と時間の関係　51

そして、テーブルへ。テーブルには、魚をムニエルしている間に作った、レタスとトマトのサラダがあります。そして、お皿の上は魚とジャガ玉。ジャカ玉には、冷食のインゲンが緑を添えています。テーブルの上には、魚のお皿とサラダと、あと、塩と黒胡椒の瓶と水の入ったグラス。

　Janeは魚のムニエルとジャガ玉の作り方を教えてくれましたが、調理の間、一度も塩を用いませんでした。これ、イギリス風です。イギリス人は、調理段階では塩をあまり使いません。何の味もつけないまま、肉でも野菜でも弱火にかけて、くたくたと煮るだけというのが、イギリスの古いやり方です。部屋を暖める暖炉の片隅に鍋を掛け、鍋に食品を入れて長時間加熱するのが、一つの燃料を複数で利用する無駄の無いやり方だったからです。長時間加熱する時に、塩分が煮汁に入っていると焦げやすくなるので、塩は入れてもごくわずか。そのかわり、イギリス人は食べる時に食卓で、塩・胡椒をかけます。そしてお酢をかけることも、好きです。イギリス名物 "Fish and Chips" を食べる時、イギリスの人はバラバラと塩と胡椒をかけ、そしてお酢を振ります。Janeはイギリス系なので、魚もジャガイモもサラダも、どうぞ調味は調理の後でご自由に、なのです。

　ところで、「夕食これだけ？」というのがわたしの胸の中の思いでした。「ご飯は？パンは？パスタは？」つまり「でんぷん系は？」という思いです。お魚は淡白な中にオイル・バター・ハーブの味わいがあってお

いしい。ジャガイモと玉ねぎの相性は抜群。サラダもある。でもこのメニューのままだったら、わたしは食べたという気がしない。

　「何か主食は？」と聞きました。そしたらJaneはやはりイギリス系：「ジャガイモがあるでしょう」という返事。イギリス人、そしてアイルランド人にとって、ジャガイモは主食感覚・でんぷん感覚なのです。でも、わたしたち日本人にとって、ジャガイモはイモ類で野菜ではないでしょうか？

　ところが逆に、イギリス人にとって、お米は、時折、野菜感覚。確かに米はイネ科の植物ですから、野菜にとらえることも不可能ではありません。ビーフ・シチューのお皿に、パセリのみじん切りを散らしたバ

第3章　夕食と時間の関係　53

ター・ライスが添えられて、でもパン皿にはパンがサーヴィスされてといったメニューなど、「お米が野菜」の表れです。

　そしてこの日の夕食、Janeはジャガイモでok。これではわたしは晩ご飯を食べた気がしません。晩「ご飯」だから「ご飯」が欲しい。でも、この日に炊いたお米が無いのは知っているので、「わたし、でんぷんが必要」と言って、いつでも買い置きしてあるパンを持って来て食べました。日本でも、「ご飯を食べないとご飯を食べた気がしない」と言って、お米が必需の人もいます。食事での満ち足りには、習慣が大きいのですね。

第3節　Martineの独創フュージョン

　Martineはフランス人です。パリで生まれてブリトニーで教育を受けました。そして、イギリスのセント・オールバンズで仕事に就き、次はスリ・ランカへ行って働き、ここで夫となる人と知り合いました。フランスへ戻って結婚し、次は西オーストラリア州へ移住。次はタイ、イギリス、中国で働き、その次はシンガポールで日本の会社のために働き、そして今は、シドニーに住んでU大学の英語教務の仕事をしています。お嬢さんが2人。2人ともフランス語で授業を行う高校へ通ってい

ます。Martineの経歴を聞いた時、わたしは、幾つの国に住んだのかしら？どの国からどの国へ行ったのかしら？と整理が付きませんでした。でも、オーストラリアは移民の国。生まれた国籍は多様で、あちこち移り住んだ人がまた移り住んでいるのが普通の国なのです。

　フランス人で多国・多文化・多様な職業の経験があるMartineは、料理が大好き。そして彼女の料理哲学は「料理は芸術、すなわち新しいものを造り出すこと。」わたしが彼女の料理好きを知って「家で何か教えてくれない？」と聞いた時、その場でOKしてくれた彼女には、レシピをクリエイトする楽しさ・料理をする楽しさを共有したい、そんなワクワク感が一杯でした。

　かくしてわたしは、OKをもらった翌日に、Martineが大学事務を終えるのを待って車に乗せてもらい、彼女のアパルトマンに着きました。Martineの口癖は「私、速いんだから」と「簡単よ」の2つ。わたしがアパルトマンの居間の隅に、大学帰りの自分の書類や書籍を置くとすぐに、「カズコ、買い物よ、速く！」の声。わたしは自分の貴重品を持ち、Martineはエコ・バッグと鍵束を持って、そして走るので、わたしも走って買い物へ。Martineが住む高層アパート群は、新しく開発された居住地区。大きなスーパー・マーケットを併設していて、公園もあって、そしてセキュリティが厳しい住宅地でした。エレベーターに乗るためには、「エレベーター用カード・キー」が必用でした。Martineは途中でゴミを出したのですが、エレベーターを一旦降り、ゴミ保管室のドア

第3章　夕食と時間の関係　　55

を開けるには、棒状の鍵が必用でした。またカード・キーを使ってエレベーターに乗って、1階に着いて屋外へ。屋外を少し歩いて、スーパー・マーケットのある別の建物へ入るために、別のカード・キー。

　わたしは、走りながら巧みに鍵を使い分けるMartineに感心しましたが、わたしだったら、鍵の使い分け以前に、鍵束を持って行くことを忘れてしまいそうです。日本だとまだオートロックは一般的ではありませんし、マンションのエレベーターのドアを開けるのに鍵が必用というのもまだと思います。わたしは鍵をいつも、という感覚に乏しいので、海外でオートロックで暮す時、鍵はビニ紐に通して首に掛けて、夜も昼も暮らします。ビニ紐だったら、鍵を共同シャワー内にひっかけてシャワーを浴びることも可能だからです。

　さて、スーパー・マーケットに入ると、Martineはショッピング・カートを押しながら、野菜や魚のセクションを手際良く回ります。今晩のメニューが頭にあって、そして何を買う必要があるのか頭にあるのでしょう。Martineはパン売り場へ来て、どのパンを買うか少々迷って、そして言いました。「フランス・パンはたくさん売っているけれど、本当のフランス・パンは無いわ。」パリで生まれ育ったMartineにとって、シドニーで売られているフランス・パンは本物ではないのです。でも、1本をカートに入れて、そして、すべての買い物終了。「レジはセルフの方が速くて簡単」と、セルフで会計を済ませ、支払いはもちろんカードを使い、買ったものはエコ・バッグへ入れて、彼女とわたしは、

またカード・キーを使いつつ小走りで、アパルトマンへ戻りました。

「今日は、鮭とお蕎麦がメイン。この前作ってみたら好きだったから。そしてフムスとサラダよ」とMartineはわたしに言って、フムス作りを始めました。フムスはひよこ豆のトロリとしたペーストです。分量を言いながらのデモンストレーションは：

Recipe

「フムス」
"Hummus"（4人分）

【材料】

ひよこ豆の缶詰（全量300g程度）1缶、
タヒーニ（ゴマのペースト）大さじ1、ガーリック 一片、
レモン汁 1個分、オリーヴ・オイル、塩、胡椒 すべて適量、
仕上げにカイエン・ペパー 適量

【作りかた】

1. ひよこ豆は缶汁を切り、ボールにカイエン・ペパー以外のすべての材料を入れる。
2. バー・ミキサーで、なめらかになるまで全体を十分に混ぜる。
3. 器に盛って、表面にカイエン・ペパーを振る。

話しながらの料理は、速い速い。フムスは、中東やアラブ地域の料理です。フムスという名はトルコ語やアラビア語が起源。シドニーは中東やアラブからの人びとも多く、そしてフランスはこれらの地域へ進出し

ていましたから、Martineにとってなじみの一品だったのでしょう。

次は「鮭、蕎麦と共に」作りです。Martineはこの前作ってみたレシピを保存しておいたからと、わたしにプリント・アウトを渡してくれました。

Salmon With Soba Noodles... (4 people)

【Main Ingredients】

2 salmon fillets, 250g soba noodles, 1 package of snow peas, 1tsp sesame oil, coriander and sesame seeds for accessorizing
(Sauce Base … experiment and taste)
1 to 2 tbsp peanut oil, 1 lime juice, 1 tbsp soy sauce, 1 tbsp fish sauce, 2 tbsp mirin
(Sauce Garnish)
1 tsp freshly grated ginger, 2 garlic cloves, 2 large red chillies or one small one, 4 to 6 spring onions

【Method】

1. Cook salmon. No need for any oil.
2. Heat up some water for the soba noodles.
3. Chop up the garlic very small.
4. Grate fresh ginger.
5. Slice up the spring onions and chillies.
6. Boil the soba noodles with snow peas. Then drain the water and keep them separately.
7. Mix up the sauce base in a bowl; taste it and add more ingredients if you so desire.
8. Now throw the ginger, garlic, chillies and spring onions into the sauce base.
9. In a saucepan, heat the sesame oil and toss the noodles on a very low heat and mix them well with the sauce.
10. Now serve noodles in a serving bowl and scatter the salmon on top.
11. Accessorize with snow peas, splashes of coriander leaves and lots of sesame seeds.

日本語にしてみれば：

「鮭、蕎麦と共に...」（4人分）

【材料】
【主材料】
鮭の切り身 2切れ、干し蕎麦（250g）1袋、さやエンドウ 1パック
胡麻油 小さじ1、飾り用に、コリアンダーの葉と胡麻

【ソース・ベース... 自分で実験して好みに合わせて調整する】
ピーナツ・オイル 大さじ1〜2、ライム汁 1個分、醤油 大さじ1、
魚醤 大さじ1、みりん 大さじ2

【ソースに混ぜるもの】
おろしたての生姜 小さじ1、ガーリック 2片、
唐辛子 大きいもの2本か小さいもの1本、極細ねぎ 4本〜6本

【作りかた】
1. テフロン加工のフライパンで、鮭に火を通す。油は不要。
2. 蕎麦を茹でるために湯を沸かし始める。
3. ガーリックをみじんに切る。
4. 生の生姜をすりおろす。(Martineのコメント：『絶対、生の生姜がいいの。ジンジャー・パウダーなんてダメ。』
5. 極細ねぎと、唐辛子を細かく切る。
6. 湯が沸いたら、蕎麦とさやエンドウを一緒に茹でてザルにあけ、別々に取っておく。(Martineのコメント：『両方茹でるんだから、一緒の方が時間も燃料も倹約。』)
7. ボールにソース・ベース材料をすべて合せ、味を試して必要なものを足す。

8. おろした生姜・刻んでおいたガーリック・唐辛子・極細ねぎを、ソース・ベースに入れて混ぜる。
9. 深鍋に胡麻油を入れ、とても低い温度に熱し、茹でておいた蕎麦を入れて胡麻油をからめ、そしてソースを入れて混ぜ合わせる。
10. テーブルに出す器に移し、上に鮭をほぐして散らす。
11. さやエンドウ、コリアンダーの葉、たっぷりの胡麻で飾ってでき上がり。

　話しながら料理をするMartineが、話のスピードも料理のスピードも大変に速いのでわたしは、また驚くこととなりました。このメインを作りながら、手すき時間を使って、冷蔵庫から有り合わせ野菜を見つくろい、ちりめんレタス・クレソン・チコリを洗って、ちぎってボールに入れて、サラダを作ってしまいました。そして、お蕎麦とさやエンドウを一緒に茹でてしまうなんて、まさに「速い・簡単」を標榜するMartineのやり方です。一つ鍋の一つお湯で、2つが同時に料理できてしまいます。しかも、さやエンドウを茹でる時、普通は塩を入れますが、お蕎麦と一緒なら、蕎麦の塩分で十分だから、塩も倹約、塩を入れる手間も省けます。

　さて、テーブル・セティングは下のお嬢さんChloeの仕事。プレイト・マットには大きな取り皿とカトラリー、フムスと鮭・蕎麦、パンとサ

ラダと水が並びました。

　わたしは「鮭、蕎麦と共に．．．」から食べました。とても複雑な味です。複雑さは、塩、醤油、みりん、魚醤、ピーナツ・オイル、胡麻油、ライムの絞り汁といった調味料の取り合わせからくるものと、そして、キング・サーモン、日本の蕎麦、コリアンダー、細ねぎといった材料の取り合わせの複雑さからくるものでしょう。Martineの経歴に数多くの国が編み込まれているように、この料理も、数多くの国が織り込まれているものでした。

　フムスは、フランス・パンに付けて食べました。やわらかでなめらかなフムスは、乾いたフランス・パンに湿り気を与えてくれて、やさしい食べ口になります。フムスで、サラダも食べました。フムスは、豆や胡麻やオリーヴ・オイルを使っていて、植物性たんぱく質とオレイン酸がたっぷり。身体によさそうです。

世界の多くの国々を取り入れて、創作としての料理を楽しむMartine。彼女の料理には、規定の作り方に従わなければとか、作ったものがおいしくなければといったストレスがありません。料理は新作の実験。そして実験結果を共に体験するのが、彼女の食卓を囲む一同なのです。彼女の料理を見せてもらって思いました。「料理は家事仕事ではなくて、娯楽の一つ。作る楽しさを味わって、気分が高まる。本当、料理は芸術だわ。」

第4節　ワインと牡蠣と語らいと

　Christineが、Janeとわたしを Double Bay にあるクラブ・ハウス・レストランへ夕食の招待をしてくれたのは、3月初めのある金曜日でし

た。Christineは、わたしたちの短期留学のホームステイ先を紹介してくれる会社の社長さんです。JaneもかつてはU大学のホームステイ係でしたから、2人は同業で働く友人です。

　昨年度も、わたしたちの留学ホームステイ手配はChristineの会社がやってくれたので、Christineがどのような登録家庭をリストに持っていて、多様なホームステイ希望者をどのように振り当てて行くか、わたしは知っています。彼女のやり方は、親切で細やかな配慮にあふれています。そして、去年も、Christineはこのクラブ・ハウス・レストランへわたしを招待してくれましたから、わたしはこのレストランの雰囲気も知っています。

　Christineは前菜として牡蠣が好き。この日は、生牡蠣とオヴンで焼いた2品を注文して、そしてワインは、これまた彼女の好きな冷えたシャブリ。生牡蠣には、トマトとお酢が中心となったソースが添えられて、そしてウエイトレスさんが、テーブルで黒こしょうを挽いてかけてくれます。焼いた牡蠣は、チーズ・ソースをかけて焼いたもの。唐辛子の辛みを加えたBBQソースが添えられていました。

　ChristineとJaneは、同じ職場を背景に同じ仕事をしている仲。そしてわたしは、ホームステイでChristineにもJaneにもお世話になっている身。3人は自然と、ホームステイ業務の昨今について話し込みました。Christineは"Cheers!!"が済むと、まず言いました。「大変、大変、もう大変。ステイする人たちからも、ホストする側からも、苦情

ばっかり。」

　ステイする人たちは、自分が他の家庭の一員として、たとえ短期間であっても家庭を維持する責任を負わなければならないのに、まるで自分がホテルのお客さまであるかのように世話をしてもらいたがる。そして、オーストラリアの生活の仕方に合わせる努力が足りない。例えば、オーストラリアは水が不足している国なので、水使用はできるだけ少なくしなければならない。だから「ホストファミリーがシャワーを10分に」と言ったら、手際良くシャワーを使って時間を守ってほしい。洗濯機の使用や食器洗いでも、節水に気を付けなければならない。水道料金は恐ろしく高いし、さらに電気料金も恐ろしく高い。そしてまた、オーストラリアは多くの国から来た人々が住んでいて、ホストファミリーの出身国もさまざまだから、英語に訛りがあったり、食事が食べ慣れないタイプの場合もある。でも「こうした言語や文化の違いを体験するのもホームステイの目的の一つだから、互いの接点を見つける方向で話しあって、会社へ苦情を言えば解決すると思って欲しくない。」そしてChristineは留学グループが到着すると、「シドニー生活ガイダンス」をしてくれます。

　Janeの仕事は今、ホストファミリーが適切にホストとしての仕事をしているかを査察しているので、ホストファミリーの家の造りや家族の人々を知っています。ステイする人に学習と生活の基本環境を提供し、家族の一員として受け入れて親しく教えながら生活し、そして報

酬を受けるのがホストファミリーの仕事です。

　でも、住居や家具がどうなっているか、家族構成がどのようなものかなど、受け入れ家庭ごとに違います。そして、ステイする人たちも極めて多様です。宗教や生活習慣が違うし、アレルギーがある場合もあります。好みも各人・各様です。人によって、同じことが違って受け止められることもあります。「他にも留学生たちがいたので、多くの学生といろんな言語を使って話ができて良かった」と言う人もいれば、「他にも留学生たちがいたので、家が狭くなって使いにくかった」と言う人もいます。細かいことに気を使う必要もあるけれど、細かいことにとらわれると不満と苦情だらけになってしまいます。「困ったことは話し合って解決するようにすれば、交渉力・生活力が付くけれど」というのが、多くの受け入れ家庭の事情を知っていて、そしてかつては多くの苦情処理をしていたJaneの意見でした。

第3章　夕食と時間の関係

湾に浮かぶ灯りを見ながら、シャブリと共に思いのたけを語りあって、仕事仲間もクライアントも心は一つ。自分の生活・家族のこと・好きなこと・やりたいことなど、気楽に話をしながら、メインの料理へ。Christine は「フライト・ポテトを添えたチキン」を選び、Janeは「チキン・リゾット」を選び、わたしは「アボカドを添えたチキン」を選びました。パンは自動的にサーヴィスされて、そして水も自由に飲むことができます。シドニーは昼食や夕食時、水を飲むのが普通です。コーヒーや紅茶は、デザートと一緒に、となります。3人のメインは、わたしの目には、どれも分量どっさり。切り方も盛り付けも、日本に比べたら豪快です。仲良しの3人ゆえ、互いのお皿から互いの料理を少しずつ突いて、味見をし合いました。どれも日本のような繊細な味ではないけれど、ベイクの焦げ目のおいしさには、オヴン料理の歴史の違いを感じました。

　そしてデザートは、「オレンジ風味のクレープ、バニラ・アイスクリー

「ダブル・ベイ」
湾には個人所有の娯楽用帆船も浮かんでいる。

ムを沿えて」を一つだけ注文して、一つ皿から3人で食べました。そして、Janeとわたしが「コーヒーも紅茶もいらないわ」と言ったのは、ワイン＋お水で飲み物が十分だったのと、支払いをするChristineにささやかな遠慮をしたためです。このクラブ・ハウス・レストランがあるDouble Bayは、おしゃれなお店がならぶ高級なショッピング・エリアです。そして、このエリアのあだ名は"Double Pay"（2倍の支払い）ですから。

　たっぷり食べてたっぷりおしゃべりをして親しさを一段と強め、こ

の金曜日の夜はお開きとなりました。明日は土曜日だから、明日の勤務を気にする必要はありません。ゆったりとした気持ちでレストランを出て、そしてわたしは、親切に心細やかに、そして教育的配慮を持って仕事をしているChristineに、自分の大学のホームステイの仲介をしてもらっていることを幸運に思いました。

　それにしても、夕食と時間の関係はさまざまですね。Janeのように、上手に、作り置き・冷凍食品・種々の料理器具を用いて、時間や手間を適度にかけて、かつ適度に省いて、家の夕食を管理するやり方。Martineのように、簡単になるよう工夫したやり方で、超スピードで動いて時間をかけず、それでいながら料理時間を娯楽時間に変じてしまうやり方。でもまた、Christineと一緒の時のように、仕事を持った忙しい身であっても、食べて話して心の絆を強め合い、過ごした時が次の時へのエネルギーとなるような、時を忘れる夕食。夕食経験を思い返してみると、食事が心と身体の栄養になるためには、食べ物だけでなく人も時間も大切なのだと思います。

第4章

朝、どこで何？

第1節　シドニーの人たち、そしてJaneとわたし

　朝ご飯が、最後の章。順番が逆と思うかもしれませんが、"Sydneysiders"「シドニーの人たち」は、朝ご飯がとても軽いのです。よく聞くのは、シドニーの朝ご飯は "standing breakfast"「立ったままの朝ご飯」。シリアルに牛乳をかけて、立ったまま、あるいは出かける準備をしながら歩いて食べて、それで朝ご飯は終わり、というものです。朝はぎりぎりまで寝ていたいとか、あるいはまた、小学校では午前11時頃に "tea time" があって軽い食事時間となっているので、朝を重く食べる必要が無いのかもしれません。

　留学参加の学生がたにホームステイ先の朝ご飯を聞いてみると、「うち、卵とか作ってくれる。」「テーブルの上に、シリアル、パン、バター、ジャム、牛乳、チーズとか出しておいてくれるから、自分でトーストしたりして食べて来る。」「自分で適当にと言われているから、冷蔵庫とかから自分で出して、自分で適当に食べて来る」といった具合で、料理タイプ・選択タイプ・自由タイプの3系統になりそうです。

　今までわたしはシドニーで、11のホストファミリーを経験しましたが、重い朝ご飯を食べていた家は一つもありません。2年前のイギリス系の家では、ホストマザーは "I'm never hungry in the morning."「朝、おなかが空いているためしはない」と言ってコー

ヒー1杯だけ。そして11時頃、朝食みたいな昼食みたいなものを食べるのだそうです。去年のMariaも朝はコーヒー。エスプレッソ1杯が、Mariaの幸せな朝ご飯でした。3年前は「8歳の時、両親に連れられてイタリアから移住して来たの」というイタリア人のマザーと、イギリス系でオーストラリア生まれのファザー、そして3人の成人した息子さんたちの家で暮らしました。息子さんたちはすべて、朝はまさに"standing breakfast"でした。大きな陶器のボールにシリアルをガシャガシャ入れて牛乳をかけ、台所のカウンターで立って食べて、ボールとスプーンは洗うことなく流しに入れたままで仕事へ出かけていました。オーストラリアの男の人はだいたい身体が大きいので、息子さんたちが朝、台所をドシドシ歩いて急いで出かけて行くと家中に地響きがするような気がしました。

　今までどの家でも、ホストの家族が同一時刻にきちんと座ってしっかり料理した朝ご飯を食べている姿を見たことがありませんから、シドニーの朝は軽いのでしょう。

　そして、今年のわたしのホストマザーJaneの朝ご飯は、毎日同じでした。グラス1杯の手搾りしたオレンジ・ジュース、"Weet-Bix"（ウィートビックスというシリアル製造会社）が売り出してい

第4章　朝、どこで何？

る "Whole Grain Biscuit"（全粒小麦の小判型シリアル）1個に牛乳をかけたもの、そしてマグ・カップにティー・バッグを1包入れたお茶。Janeはお茶のティー・バッグはいろいろな種類を持っていて、その日の気分で紅茶だったり、緑茶だったり、ハーブ・ティーだったりします。Janeは朝起きるとまずシャワーを浴び、そしてガウン姿、あるいは出かける服装をして、食堂でパソコンを見ながら朝ご飯を食べるのがいつもでした。

Janeは「最近、朝ご飯をお店で買って来て家で食べたり、あるいは出勤途中にお店で食べたりする人が多いけれど、わたしは買った朝食には反対。自分の家で手軽に準備すれば、栄養バランスが取れた朝ご飯が、安く簡単に食べることができるのに」と言っていました。

確かにJaneの朝ご飯は、デンプン系、タンパク質系、野菜系の3大栄養系統が入っていて、そしてお茶が身体と心を温めてくれます。ウィートビックス社は、フレーク状のもの・ドライフルーツを混ぜたものなど、いろいろな種類のシリアルを製造していますが、Janeお好みの「全粒ビスケット」は小麦を丸ごと使っているので、食物繊維やビタミン類が豊富です。Janeの健康志向がうかがえます。朝の時間が貴重でも、時間がある時に買い物をしておけば、Janeが言うように朝も簡単です。

わたし自身の朝ご飯は、今まですべてのホームステイ先で「自分で

適当にやってね」でした。着いた日に、自分の部屋やバス・ルーム、洗濯の仕方などの説明をしてくれる時、食品類や台所まわりの説明もしてくれて、「こんな風に準備してあるけれど、何か必要なものある？」と聞かれるのがいつもでした。そして着いた日の午後は、ホストファミリーと一緒に、車で大きなスーパー・マーケットへ、わたしのための買い物へ連れて行ってくれました。

　わたしはいつでもどこでも朝は早く、4時頃起きて、インスタント・コーヒーをブラックで飲んで何か机仕事をします。そして6時頃、朝ご飯を準備するのですが、シドニーでは、果物1個、ナッツ類が入ったミューズリーにプレーン・ヨーグルトをかけたもの、食パン2枚をドライで、何かの野菜、紅茶のティー・バッグ1つを600mlくらいのお湯で出して牛乳をちょっぴり入れたもの。これらをお盆に乗せて自分の部屋に持って行って、テレビを見ながら食べるのが普通です。果物が何、食パンがどのようなもの、野菜が何は、冷蔵庫内やカウンター上に何があるかによって違います。わたしは朝から時間をかけて猛烈に食べるので、分量も種類も多いですが、ホストファミリーに迷惑をかけないように気をつけながら、シドニーで自分好みの朝ご飯を食べるとこんな形になっています。

　でも、「好きにね」と言ってくれて、冷蔵庫から自由にものを出さ

せてくれて、高いナッツ・ミューズリーを買ってくれて、砂糖嫌いなわたしに合せてプレーンのヨーグルトを買っておいてくれるホストファミリーのみんなって、おおらかで親切ですね。

第2節　街角で

　前の節で、Janeが「朝ご飯を買って来たり、お店で食べたりする人が増えた」と言っていることを書きました。わたしも「買った朝ご飯」「家で食べない朝ご飯」が増えたと思います。

　Janeの家からU大学へ行くためのバス停まで、５００メートルほど。この距離を歩いてゆく途中、朝からお客さんが入って忙しそうなコーヒー・ショップが３軒もあります。３軒のうち２軒はコーヒーとペイストリー（手でつまんで食べることができるパン系統の品）を、店内で食べたりテイク・アウェイできたりというお店。もう１軒は、料理したものや果物が加わっていて、焼いた鶏肉、サンドイッチ、生の果物やジュースも出しています。

　ちなみに、オーストラリアでは、お店の外へ買って持って行くこと

を"take away"と言います。"take out"とか"to go"と言うのは、アメリカ英語です。

　バス停までの3軒のお店は、入り口はオープンで、道路に面した壁はガラス張りなので、どんな風に人が入り、どんな風に食べているか、どんな風に買って行くか、見ることができます。一番混んでいるのは、ペイストリーの種類が一番多いお店です。コーヒーに加えて、今日の朝は、フレンチ・トーストにしようとか、ソーセージ・ロールがいいかとか、あるいはデイニッシュ・ペイストリーを一つとか、選択肢が多いことが一因でしょう。

　そして写真の男性は、ある朝の一例です。一番混んでいるお店から出て来た所で、「シドニーの朝ご飯風景を日本で本にして出したいのですが、写真に撮って本に載せてもいいですか？」と尋ねたところ、実に快く「いいよ」と言ってもらえました。テイク・アウェイ用の蓋をした紙コップのロング・ブラック・コーヒー。"brown bag"（持ち帰り食品を入れる茶色い紙袋）の中は、四角い何かと見えます。男性はあごを引き、何を買ったか良くわかるように2つの品を身体の中心で持ってポーズを取ってくれて、無事写真撮影終了となって、おしゃべりをしました。「朝はだいたいこの店で買って食べてるよ。」「日本から来たのかね？」「日本食は好きだから、日本料理の店は週3回くらい行っている。」「食事は外が多いね。"These days, everybody is busy."（ご当世は、みんな忙しいから。）」男性によ

れば、みな忙しい。確かに、JaneだってMartineだって、忙しいといつでも言ってます。時間に追われ、料理する時間も食べる時間も倹約を迫られるのが、現代の生活なのでしょう。

第3節　キャンパスで

　朝ご飯をキャンパスで食べることもできます。方法は3つあります。キャンパスを歩きながら、授業の教室で、そして、キャンパス内のお店での3つです。

　U大学の学生さんは、たくさんが、キャンパスを歩きながら朝を食べています。歩きながらですから、食べることができるものは、手に持って食べることが簡単なもの。飲み物もまた、持ち運びが楽なものとなります。

　写真の男子学生さんは、こうした一例です。ある日の朝8時頃、大学のメイン・ストリートを、iPodを聞きながら速い速度で歩き、そして手に持つ何かを食べている姿を見つけ、走って追いついて尋ねました。「大学で、人がどんな風に朝ご飯を食べているか、日本で本に

出したいのですが、写真に撮って載せてもいいですか?」"Sure, no problem."(「もちろんOK、問題ないよ。」)街角の男性のように、快く協力が得られて、そして同じように、誇らしげに自分の朝ご飯を手に示して、ポーズを取ってくれました。写真を撮った後は、わたしに合わせて速度を落とし、メイン・ストリートを一緒に歩きながら言いました。「朝は6時半ころ起きるけど、起きた時、何か食べる気はまったくしない。7時15分には家を出ていなければならないので、何かを持って家を出て、バスを降りてこうやって食べるのがいつものこと。今日の朝は、自分で焼いて置いてあった、パンケーキ。」見せてくれたパンケーキは、小ぶりで家庭用の食品ラップに包んであって、手作りであることが明らかでした。市販のパンケーキ・ミックスを使って作ったものかもしれませんが、彼が写真に対して誇らしげなポーズを取った一因がうかがえました。

　街角の男性も、キャンパスのこの学生さんも、自分の朝ご飯に、少しも悪びれる風はありませんでした。自分の時間はこうだから、自分のおなかの空き具合はこうだからと、自分で納得がいく朝を食べていて不満は無く、そして、わたしに遠慮する必要もないのです。

　教室へ着いて、という第2の方法は、留学参加の学生さんたちもやっていました。ホストファミリーが出しておいてくれたり自分で出した、パンや野菜やチーズでサンドイッチを作り、早くに教室へ来て、そして朝ご飯。これだと、朝の授業に遅刻する心配がありません。

第3は、キャンパス内のお店で食べる方法です。U大学には朝7時からオープンしているカフェが2つあります。一つはメイン・キャンパスから大きな道路を渡った所にあって、附属語学学校と同じビルの中です。コーヒーと、ペイストリー、そして料理した朝ご飯も出しています。

　もう一つのお店は、メイン・キャンパスの正門を入ってすぐ右側にあります。2年ほど前に開店した、きれいでおしゃれなお店です。大きなオープン・テラスがあって、ここでは飲み物や料理を注文しなくとも椅子とテーブルを使うことができるので、パソコンチェックをする人も、本を読む人もいます。店の壁は全面ガラス張り。写真では、朝、太陽がだんだんに光を強めていって、店内へも差し込んでいるのがわかります。大きな木と広々とした芝生がお店のエントランスへ通じています。このお店は3食出していて、朝はコーヒーとペイストリーが主体で、昼と夜は料理したものが主体となります。店内の内装・椅子・テーブルにはある程度の高級感が出してあって、店内で食べる時、食器は使い捨てではなく、陶器とステンレスです。

　このお店の朝の風景を写真に撮らせてもらおうと店内へ入り、50歳代と思われる男性のオーナーに「写真を本に載せて日本で出版してもいいですか？」と、前2つと同様に尋ねました。丸顔で小柄でぽっちゃりした感じのオーナーは、レジの機械越しにわたしに答えました。"I'll charge you."「掲載料をもらうよ。」この答えにどう

返事をしたらいいかわからないで、目をしばたたいて一瞬沈黙したところ、このオーナー、笑って言いました。"I was just joking. Of course, quite welcome."「冗談を言っただけ。もちろん、写真は大歓迎。」わたしは、「ありがとう。お店の外の状況だけお願いします」と言って、ご覧の写真を撮りました。

　大学での朝ご飯。日本でも、「朝いち」授業が始まる前に教室でパンと飲み物、生協食堂が朝食から営業など、キャンパスで朝を食べることが多くなったと思います。レポートが遅くまでかかったからとか、バイトで昨夜が遅かったからとか、朝を作る時間が無いからとか、理由はいろいろある様子。勉強や仕事と時間との折り合いをつけながら、それぞれが柔軟な朝ご飯を食べて一日の活力の元を得て、元気に活動できるのが何よりと思います。

おわりに　それぞれの夢

　わたし、シドニーの空気は軽やかだと思います。多様な人たちが住んでいて、人はそれぞれ違うという認識が定着していて、他人と無理して合わせる圧力が少なく、自分の個性を自由に生きることが簡単だからです。

　わたしは、数日から数週間という短い期間でシドニーに15回しか行ったことがありません。シドニー以外、キャンベラへ1度行きました。議事堂や戦争博物館を見学し、そして、計画的に作られた街並みの中に、機能的な首都を営むための優れた都市計画を感じました。

　わたしのシドニー経験は限られています。でも、わたしはシドニーで、実に多くの魅力的な人たちに出会いました。軽い空気を活かし、自分の希望を実現させようと、生気あふれて生きている人たちです。

　例えば、U大学のChristine Alexander です。彼女は、ブロンテ文学研究では世界の最高峰です。ニュージーランドに生まれ、ニュージーランドで修士号を取り、博士号はイギリスのケンブリッジ大学でした。そして今は優れた業績ゆえU大学のScientia Professor となっています。彼女はブロンテ文学だけでなく、ジェイン・オースティンやチャールズ・ディケンズらの、幼少作の研究でも有名です。そして彼女、「研究と出版活動をしたいから、授業を持つのは1年の半分に

してもらっている」のだそうです。自分の時間を自分の情熱へ振り分ける...彼女が幼少作の手書きを調べ、活字にし、出版してくれるおかげで、英文学の大作家がどのような成長過程を踏んだのか、世界の研究者が知ることができます。

　同じU大学の柔道クラブの、ヘッド・コーチ兼コーディネーターのWarren Rosserも夢の追求者です。１９８８年のソウル・オリンピックの出場者でしたが、日本の柔道をオーストラリアに広めたいと思い、そのために、楽しみながら柔道の基本が身に付く、遊びのような練習方法を編み出しました。彼の練習方法を用いて、柔道に不慣れなオーストラリアの子どもたちが、Tシャツで、ふわふわマットやゴム・ボールを使って、受け身といった基本技能を自然に習得していっています。そして彼の道場からは、全豪選手権大会やオリンピックに出る選手たちが育っています。道場を維持するには経営の才と柔道の実力が必要で、「金がきびしい」と彼は言うのですが、毎年会うたびに、彼が身体も精神も強くなっているのを感じます。

　わたしのシドニーの初めてのホストファザーも、素晴らしい人でした。家は富裕な人が住むサウス・クージーにある、オーシャン・ヴューの大邸宅。彼は弁護士だったのですが、大変に忙しく家族と過ごす時間が取れませんでした。奥さんに5番目の子どもが生まれた時、彼はたぶん最後となるこの女の子を、自分で育てたいと思ったのです。弁護士をやめました。彼が家事と育児を担当し、奥さんが学校の給食作

「サウス・クージー・ビーチ」

りの仕事に就いて外で働き始め、そして収入減を補うためにホームステイを始めました。彼の夕食は"Meat and Three Veg"「肉と3種類の野菜」。イギリスの典型的なメニュー構成でした。ひと種類の肉か魚、そして3種類の加熱した野菜がテーブルに出されて、各人は自分用の一枚の大皿に適量取って、好みで塩・胡椒をして食べるのです。上の娘さんたちが言っていました。「最初、ダディが料理を始めた時、何これ？だったけど、今は上手になったわ。」わたしはある晩、何か知らないパリパリとした肉を食べ、何ですかと尋ねました。彼の答えは"Pig skin." わたしは「豚の皮」を初めて食べて、そのローストのお

"Three Sisters"
「ブルー・マウンテン国立公園」にある、
3姉妹になぞらえられる岩。風雨による浸食
によって形作られた。

いしさを初めて知りました。彼が天塩にかけた一番下の娘さんは、笑顔が花咲くような、ひとなつこいお嬢さんでした。

　留学プログラムの一つに週末の「ブルー・マウンテン旅行」があります。この旅行のある年のバス・ガイドの男性も素晴らしい人でした。北シドニーに広大な牧場を持つ家の御曹司。シドニー大学を卒業してカンタス航空のパイロットになったのだけれど、飛行機操縦はコンピューターの自動制御が多くなり、実際に身体と感覚を使う要素が

減っていることに気がついてパイロットの職に失望し、勤務1年でカンタスを退職しました。アボリジニを支援して砂漠で暮らし、そして今、シドニー大学大学院で勉学中。生活費を補うために週末だけ「ブルー・マウンテン旅行」のガイドをしているのだそうです。週末だけの仕事なので、大学院生として好適なアルバイトとのこと。自分の技が活かせないからと、パイロットを辞めてしまう。裕福な親に学費も生活費も出してもらうことは簡単でしょうに、働く道を選ぶ。自分を使うことに喜びを見出す彼は、磨かれた知性と鍛えられた身体、そしてやさしさ・丁寧さにあふれて、魅力的でした。

　法律や道徳・倫理を忘れることがないよう、国も個人も努めるけれど、シドニーでは、自分が自分として生き易い。多様があって、それぞれが、それぞれを許してくれるから。
　食べるものにも同様のことが言えると、わたしは思います。和すること、他の迷惑にならないことを忘れてはいない。しかし、多様な食の混在のなか、食の自由度は高く、それぞれは自分の快適を作り自分の快適を食べることができる。快適は自然に楽しいものとなる。だから、「シドニーのそれぞれ楽しいご飯たち」が生まれるのです。

主要参考文献

Beer, Maggie. *Maggie Beer*. Lantern Cookery Classics. Melbourne: Penguin Group, 2012.
Clark, Pamela, ed. *Sweet Old-fashioned Favourites*. Sydney: The Australian Women's Weekly Home Library, 1995.
Clucas, Helen & Alan Lindsay. *Great Tastes of Australia*. Ringwood: Viking, 1989.
Germaine, Elizabeth & Ann L. Burckhardt. *Cooking the Australian Way*. Minneapolis: Lerner Publications Company, 2004.
Sinclair, Ellen, ed. *The Australian Women's Weekly Cooking Class Cookbook*. Sydney: Australian Consolidated Press, n.d.

石毛直道 監修、『オーストラリア・ニュージーランド』、世界の食文化7、農文協、2004年。
杉本良夫、『オーストラリア―多文化社会の選択』、岩波新書、2000年。
竹田いさみ、『物語 オーストラリアの歴史―多文化ミドルパワーの実験』、中公新書、2000年。
山本真鳥、『オセアニア史』、新版世界各国史27、山川出版社、2000年。

【編著者】
　宇田　和子　（うだ　かずこ）
　1951年　新潟市生まれ
　1974年　お茶の水女子大学　文教育学部　卒業
　1980年　東京大学大学院　人文科学研究科　博士課程　単位取得満期退学
　現　在　埼玉大学　教育学部　教授

【主な出版物】
　2001年　『お砂糖なしのケーキブック』、開文社出版。
　2004年　『私のネパール菓子』、開文社出版。
　2007年　『ブロンテ文学を学ぶ人のために』(共著)、世界思想社。
　2010年　『ギャスケルで読むヴィクトリア朝前半の社会と文化』(共著)、溪水社。
　2010年　『ブロンテと芸術』(編著)、大阪教育図書。
　2013年　『教員採用試験　一般教養　リンクス参考書』(共著)、一ツ橋書店。
　　　　　『教員採用試験　一般教養　リンクス問題集』(共著)、一ツ橋書店。

【主な資格】
　製菓衛生師、フード・コーディネーター、ティー・コーディネーター、
　ハーブ・コーディネーター、食育インストラクター。

シドニーのそれぞれ楽しいご飯たち [検印廃止]

2014年5月14日　初版発行	
編　著　者	宇　田　和　子
発　行　者	安　居　洋　一
印刷・製本	株式会社 文　優　社
ブックデザイン	松　本　有　司

発行所　〒162-0065 東京都新宿区住吉町8-9
　　　　開文社出版株式会社
　　　　TEL.03-3358-6288・FAX.03-3358-6287
　　　　www.kaibunsha.co.jp

ISBN978-4-87571-876-5 C2077